σχολείο - ilé-ìwé	2
ταξίδι - ìrin àjò	5
μεταφορά - ọkọ̀	8
πόλη - ìlú	10
τοπίο - ẹlẹ́bùú	14
εστιατόριο - ilé oúnjẹ	17
σούπερ μάρκετ - ibi ìtajà	20
ποτά - ohun mímu	22
φαγητό - oúnjẹ	23
αγρόκτημα - oko	27
σπίτι - ilé	31
σαλόνι - yàrá ìgbé	33
κουζίνα - ilé ìdáná	35
μπάνιο - ilé ìwẹ̀	38
παιδικό δωμάτιο - yàrá ọmọdé	42
ρούχα - aṣọ	44
γραφείο - ọfisi	49
οικονομία - ọrọ̀ ajé	51
επαγγέλματα - àwọn iṣẹ́ ààyò	53
εργαλεία - àwọn irinṣẹ́	56
μουσικά όργανα - àwọn irinṣẹ́ orin	57
ζωολογικός κήπος - ibi ẹranko	59
αθλήματα - àwọn eré ìdáráyá	62
δραστηριότητες - àwọn iṣẹ́	63
οικογένεια - ẹbí	67
σώμα - ara	68
νοσοκομείο - ilé ìwòsàn	72
έκτακτη ανάγκη - pàjáwìrì	76
Γη - Ayé	77
ρολόι - aago	79
εβδομάδα - ọ̀sẹ̀	80
έτος - ọdún	81
σχήματα - àwọn ìrísí	83
χρώματα - àwọn àwọ̀	84
αντίθετα - òdì	85
αριθμοί - nọ́mbà	88
γλώσσες - àwọn èdè	90
ποιος / τι / πως - tani / kínni / báwo	91
που - níbo	92

Impressum
Verlag: BABADADA GmbH, Nedderfeld 112 , 22529 Hamburg
Geschäftsführer / Verlagsleitung: Harald Hof
Druck: Books on Demand GmbH, In de Tarpen 42, 22848 Norderstedt

Imprint
Publisher: BABADADA GmbH, Nedderfeld 112 , 22529 Hamburg, Germany
Managing Director / Publishing direction: Harald Hof
Print: Books on Demand GmbH, In de Tarpen 42, 22848 Norderstedt

σχολείο
ilé-ìwé

- διαιρώ — pínpín
- σχολική τάξη — yàrá ìkàwé
- πίνακας — pẹpẹ
- σχολική αυλή — yáàdì ilé-ìwé
- δάσκαλος — olùkọ́
- χαρτί — pépà
- γράφω — kọ̀wé
- στυλό — kálàmù
- γραφείο — dẹsiki
- χάρακας — rúlà
- βιβλίο — ìwé
- μαθητής — akẹ́kọ̀ọ́

σχολική τσάντα
ọ̀rá

κασετίνα/ μολυβοθήκη
àpò pẹnsuru

μολύβι
pẹnsuru

ξύστρα
olùgbẹ́ pẹnsuru

γόμα
rọ́bà

μπλοκ ζωγραφικής
bọ́tìnnì yíyàwòrán

ζωγραφική
yíyàròwán

πινέλο
burọ̣si ọdà

κουτί χρωμάτων
àpótí ọdà

ψαλίδι
sisọsi

κόλλα
gúlù

τετράδιο ασκήσεων
ìwé iṣẹ́

εργασία για το σπίτι
iṣẹ́ àmúrelé

αριθμός
nọ́mbà

προσθέτω
àfikún

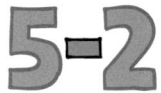

αφαιρώ
àyọkúrò

πολλαπλασιάζω
isọdipúpọ̀

υπολογίζω
ṣírò

γράμμα
lẹ́tà

αλφάβητο
alábídí

λέξη
ọ̀rọ̀ síso

σχολείο - ilé-ìwé

κείμενο	διαβάζω	κιμωλία
ọ̀rọ̀ kíkọ	kàwé	ṣọ́ọ́kì
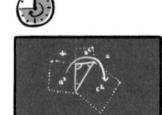		
μάθημα	εγγράφομαι	τεστ
ìkẹ́kọ̀ọ́	forúkọsílẹ̀	idánwo

πιστοποιητικό	μαθητική στολή	εκπαίδευση
ìwé-ẹ̀rí	aṣọ ilé-ìwé	ẹ̀kọ́

εγκυκλοπαίδεια	πανεπιστήμιο	μικροσκόπιο
ìwé ìmọ̀	yunifasiti	ẹ̀rọ gbohùngbohùn
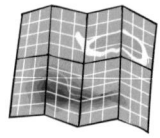		
χάρτης	καλάθι αχρήστων	
àwòrán àgbáyé	agbọ̀n ìdalẹ̀nù	

σχολείο - ilé-ìwé

ταξίδι
ìrìn àjò

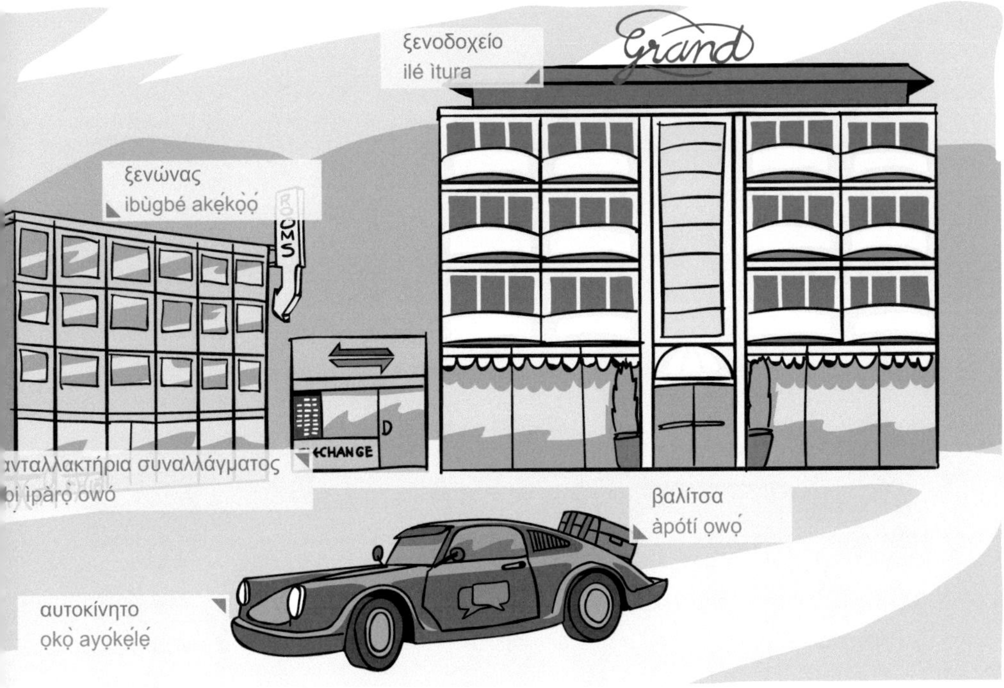
ξενοδοχείο
ilé ìtura
Grand
ξενώνας
ibùgbé akẹ́kọ̀ọ́
ROOMS
ανταλλακτήρια συναλλάγματος
bi ìpàrọ̀ owó
CHANGE
βαλίτσα
àpótí ọwọ́
αυτοκίνητο
ọkọ̀ ayọ́kẹ́lẹ́

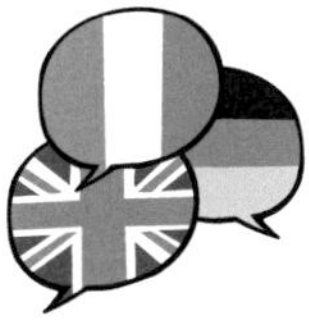

γλώσσα

èdè

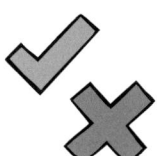

ναι / όχι

bẹ́ẹ̀ni / bẹ́ẹ̀kọ́

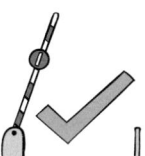

εντάξει

Ó dára

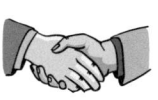

γεια σου

ẹpẹ̀lẹ́

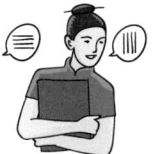

μεταφραστής

olùtúmọ̀ èdè

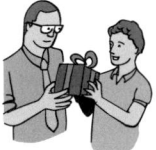

Ευχαριστώ

O ṣeun

πόσο κάνει ; èló ni... ?	Δε καταλαβαίνω Kò yé mi	πρόβλημα ìṣòro

Καλησπέρα! Ẹ káalẹ́!	Καλημέρα! Ẹ kaarọ̀!	Καληνύχτα! Ẹ káalẹ́!

Αντίο ódìgbà	κατεύθυνση ìtọ́ni	αποσκευές ẹrù-ẹni

τσάντα báàgì	σακίδιο πλάτης àpò ẹ̀yìn	καλεσμένος àlejò

δωμάτιο yàrá	υπνόσακος báàgì ibùsùn	σκηνή àgọ́

τουριστικές πληροφορίες   παραλία   πιστωτική κάρτα
àlàyé arìnrìn àjò   òkun   káàdì arọ́pò owó

πρωινό   μεσημεριανό   δείπνο
oúnjẹ àárọ̀   oúnjẹ ọ̀sán   oúnjẹ alẹ́

εισιτήριο   ανελκυστήρας   γραμματόσημο
tikẹti   ìgbésókè   èdìdí

σύνορα   τελωνείο   πρεσβεία
àlà   àwọn àṣà   ibi iwé ìrìnà

βίζα   διαβατήριο
fisa   iwé ìrìnà

μεταφορά
ọkọ̀

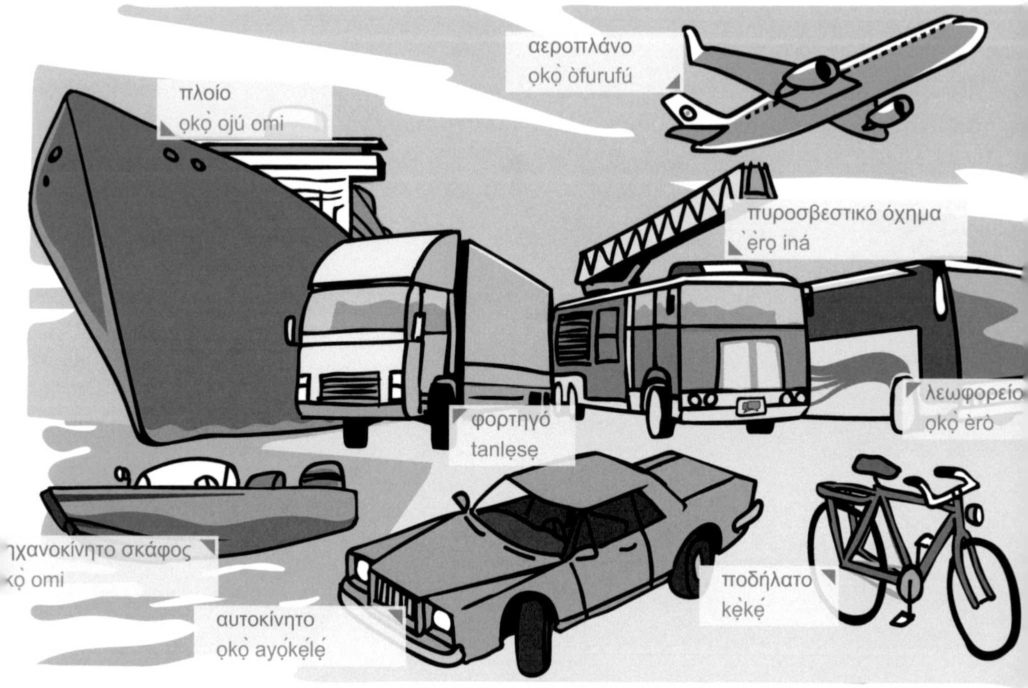

αεροπλάνο
ọkọ̀ òfurufú

πλοίο
ọkọ̀ ojú omi

πυροσβεστικό όχημα
ẹ̀rọ iná

φορτηγό
tanlẹsẹ

λεωφορείο
ọkọ̀ èrò

μηχανοκίνητο σκάφος
ọkọ̀ omi

ποδήλατο
kẹ̀kẹ́

αυτοκίνητο
ọkọ̀ ayọ́kẹ́lẹ́

φεριμπότ
ọrán

βάρκα
ọrọ́n ojú omi

μοτοσικλέτα
atapùrù

περιπολικό
ọkọ̀ ọlọ́pàá

αγωνιστικό αυτοκίνητο
ọkọ̀ ìsáré

ενοικιαζόμενο αυτοκίνητο
ọkọ̀ yíyá

μεταφορά - ọkọ̀

μοιρασμός αυτοκινήτων
àpínlò ọkọ̀

γερανός
ìgbọ́kọ̀

απορριμματοφόρο
ọkọ̀ dída ilẹ̀ nù

κινητήρας
manto

καύσιμο
epo

βενζινάδικο
ilé epo

πινακίδα σήμανσης
àmì ìwakọ̀

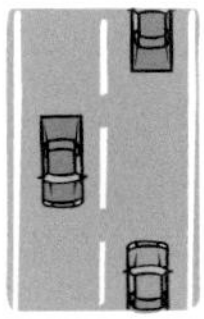

κυκλοφορία
ìwakọ̀

κυκλοφοριακή συμφόρηση
súnkẹrẹ

χώρος στάθμευσης
ibi ìgbọ́kọ̀sí

σιδηροδρομικός σταθμός
ibùdókọ̀ ojú irin

σιδηροδρομικές γραμμές
àwọn òrópó

τρένο
ọkọ̀ ojú irin

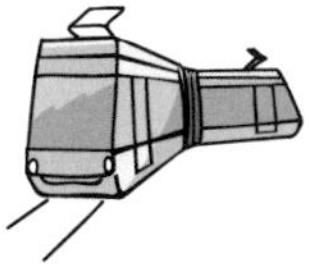

τραμ
ọkọ̀ ori ilẹ̀

βαγόνι
ẹrù

μεταφορά - ọkọ̀

ελικόπτερο   αεροδρόμιο   πύργος
ẹlikọputa   ibùdókọ̀ òfurufú   òpó

επιβάτης   εμπορευματοκιβώτιο   χαρτοκιβώτιο
èrò   ibi ìpamọ́   katun

καρότσι   καλάθι   απογειώνομαι /
apẹ̀rẹ̀   agbọ̀n   προσγειόνομαι
                                           gbéra / balẹ̀

πόλη
ilú

χωριό   κέντρο της πόλης   σπίτι
abúlé   àárín ìlú   ilé

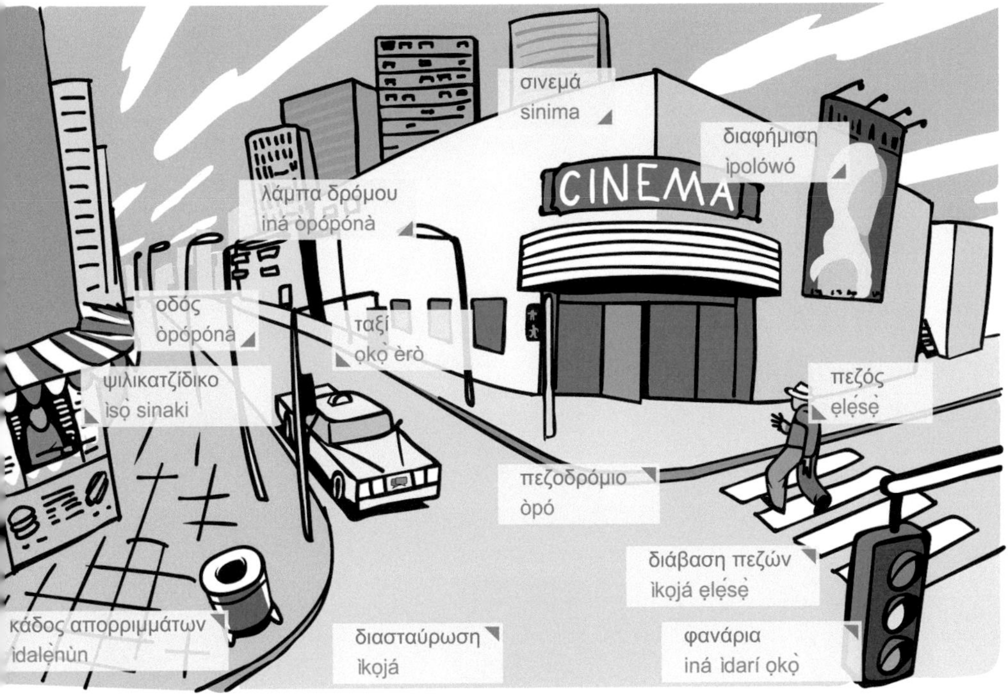

σινεμά
sinima

διαφήμιση
ìpolówó

λάμπα δρόμου
iná òrópónà

οδός
òróponà

ταξί
ọkọ̀ èrò

ψιλικατζίδικο
isọ́ sinaki

πεζός
ẹlẹ́sẹ̀

πεζοδρόμιο
òró

διάβαση πεζών
ikọjá ẹlẹ́sẹ̀

κάδος απορριμμάτων
ìdalẹ̀nùn

διασταύρωση
ikọjá

φανάρια
iná ìdarí ọkọ̀

καλύβα
abà

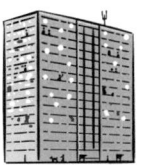

διαμέρισμα
filati

σιδηροδρομικός σταθμός
ibùdókọ̀ ojú irin

δημαρχείο
ojúde

μουσείο
musiọmu

σχολείο
ilé-ìwé

πόλη - ìlú

11

πανεπιστήμιο
yunifasiti

τράπεζα
ilé ìfowópamọ́

νοσοκομείο
ilé ìwòsàn

ξενοδοχείο
ilé ìtura

φαρμακείο
olùta ògùn

γραφείο
ọfisi

βιβλιοπωλείο
ìsọ̀ ìwé

κατάστημα
ìsọ̀

ανθοπωλείο
òdòdó

σούπερ μάρκετ
ibi ìtajà

αγορά
ọjà

πολυκατάστημα
ibi ẹka iṣẹ́

ιχθυοπωλείο
ibi ẹja

εμπορικό κέντρο
ibi ìrajà

λιμάνι
bèbè omi

πόλη - ìlú

πάρκο
ibi ìgbafẹ́

παγκάκι
àga

γέφυρα
afárá

σκάλες
àgàsọ̀

μετρό
abẹ́ ilẹ̀

τούνελ
ihò ilẹ̀

στάση λεωφορείου
ibùdókọ̀

μπαρ
ilé otí

εστιατόριο
ilé oúnjẹ

γραμματοκιβώτιο
àpótí ìfìwéránṣẹ́

πινακίδα δρόμου
àmì òrópónà

παρκόμετρο
mita ìgbọ́kọ̀sí

ζωολογικός κήπος
ibi ẹranko

πισίνα
ibi ìwẹ̀

τζαμί
mọ́ṣáláṣí

πόλη - ìlú   13

αγρόκτημα — oko

ρύπανση — ìdọ̀tí

νεκροταφείο — ibi ìsìnkú

εκκλησία — ilé ìjọsìn

παιδική χαρά — ibi ìṣeré

ναός — tẹmpili

τοπίο
ẹlẹ́bùú

- φύλλο — ewé
- πινακίδα κατεύθυνσης — ajúwe
- δρόμος — ọ̀nà
- λιβάδι — ilẹ̀ koríko
- πέτρα — òkúta
- δέντρο — igi
- πεζοπόρος — olùrìn
- ποτάμι — odò
- χορτάρι — kóriko
- λουλούδι — òdòdó

κοιλάδα	λόφος	λίμνη
kòtò	òkè	adágún omi
	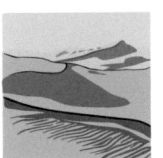	
δάσος	έρημος	ηφαίστειο
aginjù	aṣálẹ̀	ilẹ̀ ríru

κάστρο	ουράνιο τόξο	μανιτάρι
ibùgbé	òṣùmàrè	esun

φοίνικας	κουνούπι	μύγα
ọ̀pẹ	ẹ̀fọn	eṣinṣin

μυρμήγκι	μέλισσα	αράχνη
kòkòrò	oyin	alantakun

τοπίο - ẹlẹ́bùú

σκαθάρι
làbọnlàbọn

βάτραχος
ọrọlọ

σκίουρος
ọkẹ́rẹ́ ńlá

σκαντζόχοιρος
sẹsẹ

λαγός
ọkẹ́rẹ́

κουκουβάγια
òwìwí

πουλί
ẹyẹ

κύκνος
pẹ́pẹ́yẹ ńlá

αγριογούρουνο
ẹlẹ́dẹ́ igbó

ελάφι
àgbọ̀nrín

άλκη
àgbọ̀nrín ńlá

φράγμα
adágún

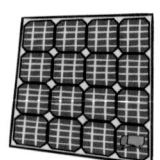

ανεμογεννήτρια
ọ̀pá afẹ́fẹ́

ηλιακός συλλέκτης
panẹ́ẹ̀lì òrùn

κλίμα
ojú-ọjọ́

16   τοπίο - ẹlẹbùú

εστιατόριο
ilé oúnjẹ

σερβιτόρος
agbóunjẹ

κατάλογος
àkọsílẹ̀ oúnjẹ

καρέκλα
àga

σούπα
ọbẹ̀

πίτσα
pisa

μαχαιροπίρουνα
ọbẹ

τραπεζομάντιλο
aṣọ tábìlì

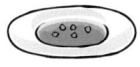

ορεκτικό
ipanu

κύριο πιάτο
oúnjẹ gangan

επιδόρπιο
ipanu lẹ́yin oúnjẹ

ποτά
ohun mímu

φαγητό
oúnjẹ

μπουκάλι
ìgò

φαστ φουντ
oúnję kíá

φαγητό στ' όρθιο
oúnję òrópónà

τσαγιέρα
abọ́ tii

δοχείο ζάχαρης
abọ́ ṣúgà

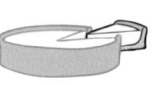
μερίδα
ìpín

μηχανή εσπρέσο
ẹ̀rọ ẹsipirẹso

ψηλή καρέκλα
àga gíga

λογαριασμός
ináwó oṣoṣù

δίσκος
tire

μαχαίρι
ọbẹ

πιρούνι
fọ́ọ́kì

κουτάλι
ṣíbí

κουταλάκι του τσαγιού
ṣíbí tii

πετσέτα φαγητού
pépà ìnuwọ́

ποτήρι
gilasi

εστιατόριο - ilé oúnję

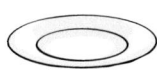		
πιάτο	πιάτο σούπας	πιατάκι φλιτζανιού
abọ	abọ ọbẹ̀	pẹlẹbẹ

σάλτσα	αλατιέρα	μύλος για πιπέρι
ọbẹ̀	kòkò iyọ̀	ilọta
	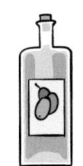	
ξύδι	λάδι	μπαχαρικά
fẹniga	òróró	èròjà

κέτσαπ	μουστάρδα	μαγιονέζα
kẹsọpu	mọsitadi	mayonesi

εστιατόριο - ilé oúnjẹ

σούπερ μάρκετ
ibi ìtajà

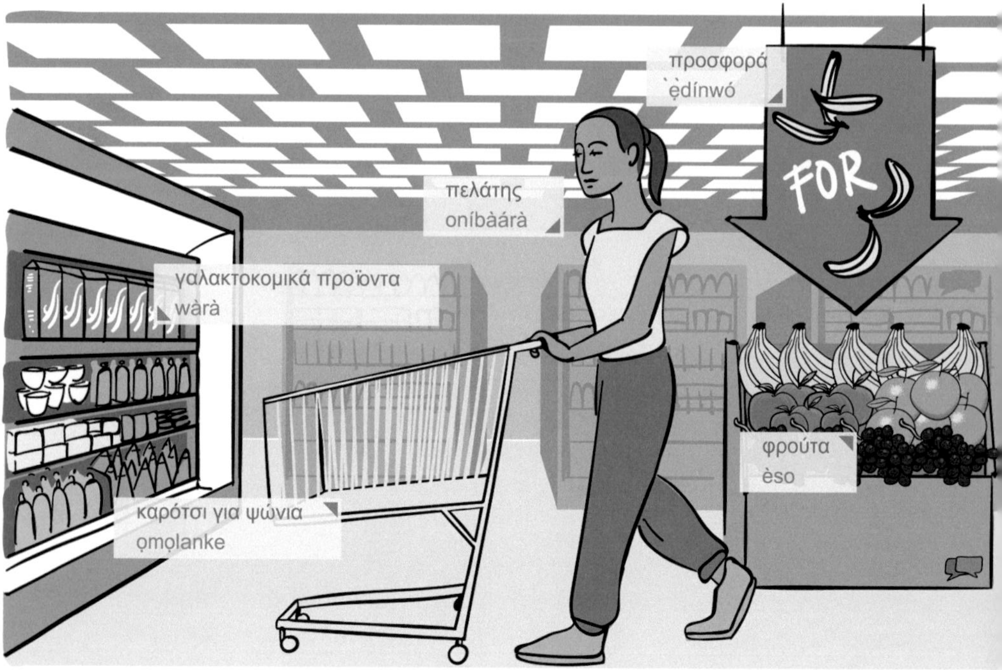

προσφορά
ẹ̀dínwó
FOR
πελάτης
oníbàárà
γαλακτοκομικά προϊόντα
wàrà
φρούτα
èso
καρότσι για ψώνια
ọmọlanke

BUTCHERS

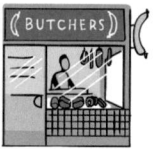

κρεοπωλείο

alápatà

BAKERY

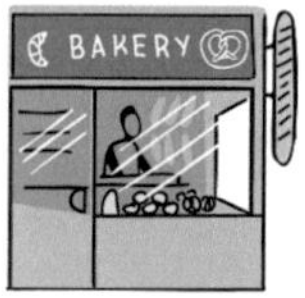

φούρνος

beka

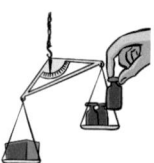

ζυγίζω

wọ̀n

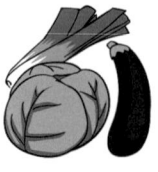

λαχανικά

ewébẹ̀

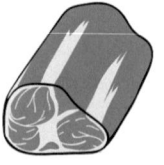

κρέας

ẹran

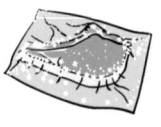

κατεψυγμένα τρόφιμα

oúnjẹ dídì

αλλαντικά ẹran tútù	κονσερβοποιημένη τροφή oúnjẹ agolo	απορρυπαντικό ρούχων ọṣẹ ifọṣọ

γλυκά àdíndùn	οικιακά είδη àgbéjáde ẹbí	καθαριστικά προϊόντα ohun itọ́jú

πωλήτρια olùtajà	ταμείο tili	ταμίας akawó

λίστα για ψώνια àkójọ irajà	ωράριο λειτουργίας wákàtí ibẹ̀rẹ̀	πορτοφόλι ìpamọ́

πιστωτική κάρτα káàdì arọ́pò owó	τσάντα báàgì	πλαστική σακούλα báàgì ọ̀rá

σούπερ μάρκετ - ibi itajà

ποτά
ohun mímu

νερό
omi

χυμός
omi èso

γάλα
wàrá

κόκα κόλα
koki

κρασί
waini

μπίρα
bia

αλκοόλ
ọtí líle

κακάο
kòkó

τσάι
tii

καφές
kọfí

εσπρέσο
ẹsipirẹso

καπουτσίνο
kapusino

φαγητό
oúnję

μπανάνα
ọgẹ̀dẹ̀

μήλο
apu

πορτοκάλι
ọsàn

πεπόνι
ẹ̀gúsí

λεμόνι
òronbò

καρότο
karọti

σκόρδο
galiki

μπαμπού
ọparun

κρεμμύδι
àlùbọ́sà

μανιτάρι
esun

ξηροί καρποί
ẹ̀pà

νουντλς
nodu

φαγητό - oúnję   23

μακαρόνια	ρύζι	σαλάτα
sipajeti	iresi	saladi

πατατάκια	τηγανητές πατάτες	πίτσα
ipanu	ànàmọ́ díndín	pisa

χάμπουργκερ	σάντουιτς	κοτολέτα
bọ́gà	sanwiṣi	ẹran sísun

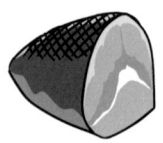  

ζαμπόν	σαλάμι	λουκάνικο
ẹsẹ̀ ẹlẹ́dẹ̀	salami	sọseji

κοτόπουλο	ψητό	ψάρι
ẹran ẹdiyẹ	sun	ẹja

φαγητό - oúnjẹ

χυλός βρώμης
oti p̣oreji

μούσλι
muṣeli

κορν φλέικς
confulakisi

αλεύρι
ìyẹfun

κρουασάν
kirosanti

ψωμάκι
rolu búrẹdi

ψωμί
burẹdi

τοστ
dín

μπισκότα
bisikiti

βούτυρο
bọ̀tà

τυρόπηγμα
kọdu

κέικ
keki

αυγό
ẹyin

τηγανητό αυγό
ẹyin díndín

τυρί
ṣiṣi

φαγητό - oúnjẹ

παγωτό	ζάχαρη	μέλι
aisi kirimu	ṣúgà	oyin

μαρμελάδα	άλλειμμα σοκολάτας	κάρυ
jamu	àfira ṣokoleti	kọri

φαγητό - oúnjẹ

αγρόκτημα
oko

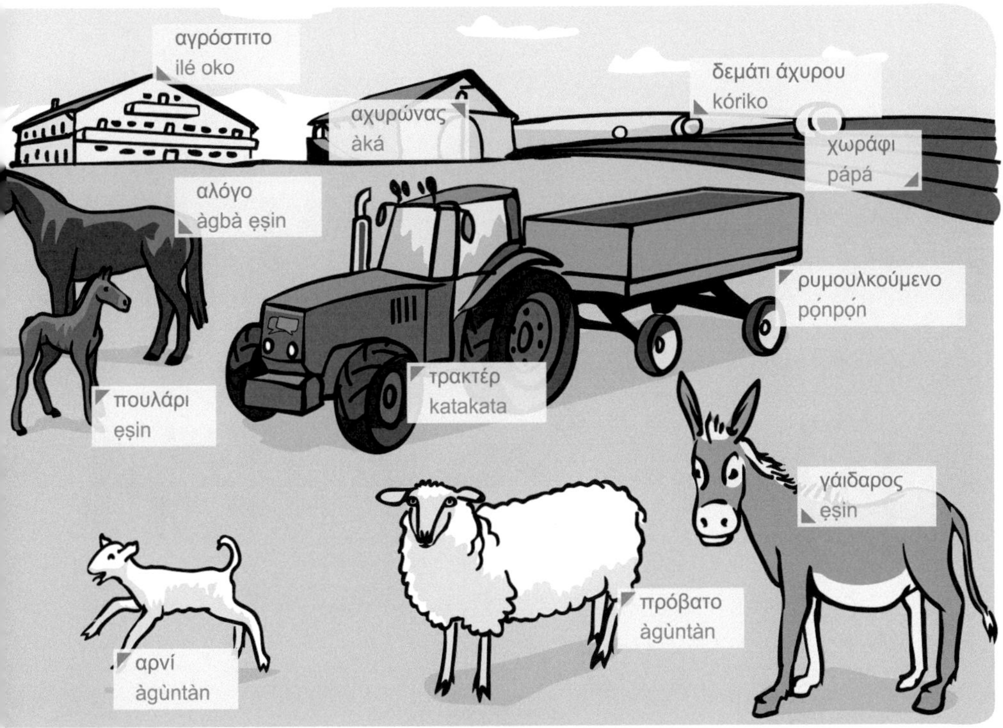

- αγρόσπιτο — ilé oko
- αχυρώνας — àká
- δεμάτι άχυρου — kóriko
- χωράφι — pápá
- άλογο — àgbà ẹṣin
- ρυμουλκούμενο — ṛóhrón
- πουλάρι — ẹṣin
- τρακτέρ — katakata
- γάιδαρος — ẹṣin
- αρνί — àgùntàn
- πρόβατο — àgùntàn

κατσίκα
ewúrẹ́

αγελάδα
máàlù

μοσχαράκι
ọdọ́ àgùntàn

γουρούνι
ẹlẹdẹ̀

γουρουνάκι
ọmọ ẹlẹdẹ̀

ταύρος
àgbò

αγρόκτημα - oko   27

χήνα
ọmọ pẹ́rẹ́yẹ

πάπια
pẹ́rẹ́yẹ

κοτοπουλάκι
ọmọ adìyẹ

κότα
adìyẹ

κόκορας
àkùkọ

αρουραίος
èkúté

γάτα
olóngbò

ποντίκι
eku

βόδι
kẹ́tẹ́kẹ́tẹ́

σκύλος
ajá

σπιτάκι σκύλου
ilé ajá

λάστιχο κήπου
ọ̀pá ọgbà

ποτιστήρι
abọ́ omi

θεριστήρι
scythe

αλέτρι
ọkọ̀ irúgbìn

αγρόκτημα - oko

δρεπάνι abẹ oko	τσάπα ọkọ́	δίκρανο irinṣẹ́ kóriko

τσεκούρι àáké	χειράμαξα wilibaro	ταΐστρα àgbá

δοχείο γάλακτος abọ́ wàrà	σάκος àpò	φράχτης ògiri
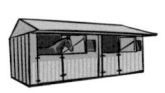	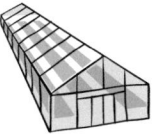	
στάβλος pẹpẹ oko	θερμοκήπιο ibi idáko	έδαφος ilẹ̀

σπόρος irúgbìn	λίπασμα ajílẹ̀	θεριζοαλωνιστική μηχανή àkórọ̀ olùkórè

αγρόκτημα - oko

θερίζω ìkórè	συγκομιδή ìkórè	γιαμς işu

σιτάρι bàbà	σόγια soya	πατάτα ànàmọ́

καλαμπόκι àgbàdo	κράμβη irúgbìn rapu	οπωροφόρο δέντρο igi èso

μανιόκα ẹ̀gẹ́	δημητριακά jéró	

αγρόκτημα - oko

σπίτι
ilé

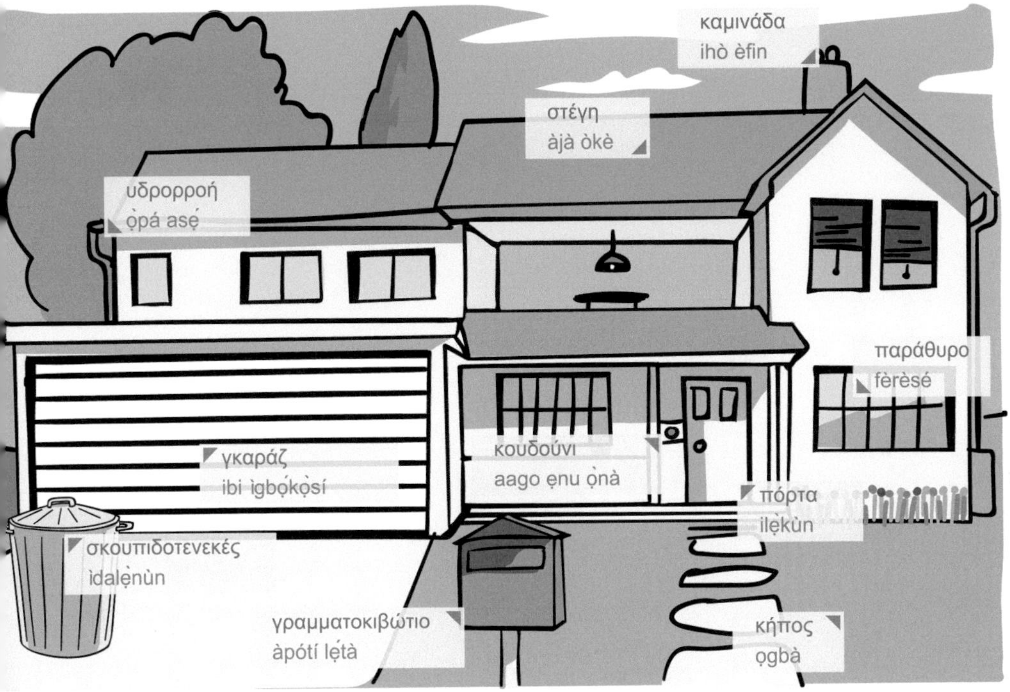

καμινάδα
ihò èfín

στέγη
àjà òkè

υδρορροή
ọ̀pá asẹ́

παράθυρο
fèrèsé

γκαράζ
ibi igbọ́kọ̀sí

κουδούνι
aago ẹnu ọ̀nà

πόρτα
ilẹ̀kùn

σκουπιδοτενεκές
idalẹ̀nùn

γραμματοκιβώτιο
àpótí lẹ́tà

κήπος
ọgbà

σαλόνι
yàrá igbé

μπάνιο
ilé ìwẹ̀

κουζίνα
ilé ìdáná

υπνοδωμάτιο
yàrá ìbùsùn

παιδικό δωμάτιο
yàrá ọmọdé

τραπεζαρία
yàrá ìjẹun

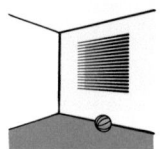

πάτωμα
ilẹ̀

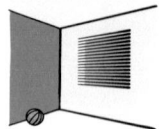

τοίχος
ògiri ilé

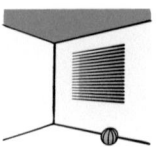

οροφή
àjà

κελάρι
sẹla

σάουνα
sauna

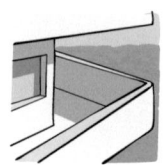

μπαλκόνι
ọ̀dẹ̀dẹ̀

βεράντα
ọ̀nà

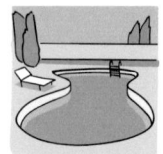

πισίνα
ibi ìwẹ̀

μηχανή του γκαζόν
ẹ̀rọ ìgéko

σεντόνι
ojú-ewé

κάλυμμα κρεβατιού
aṣọ orí ibùsùn

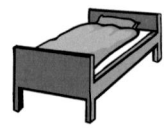

κρεβάτι
ibùsùn

σκούπα
ọwọ̀

κουβάς
garawa

διακόπτης
yípo

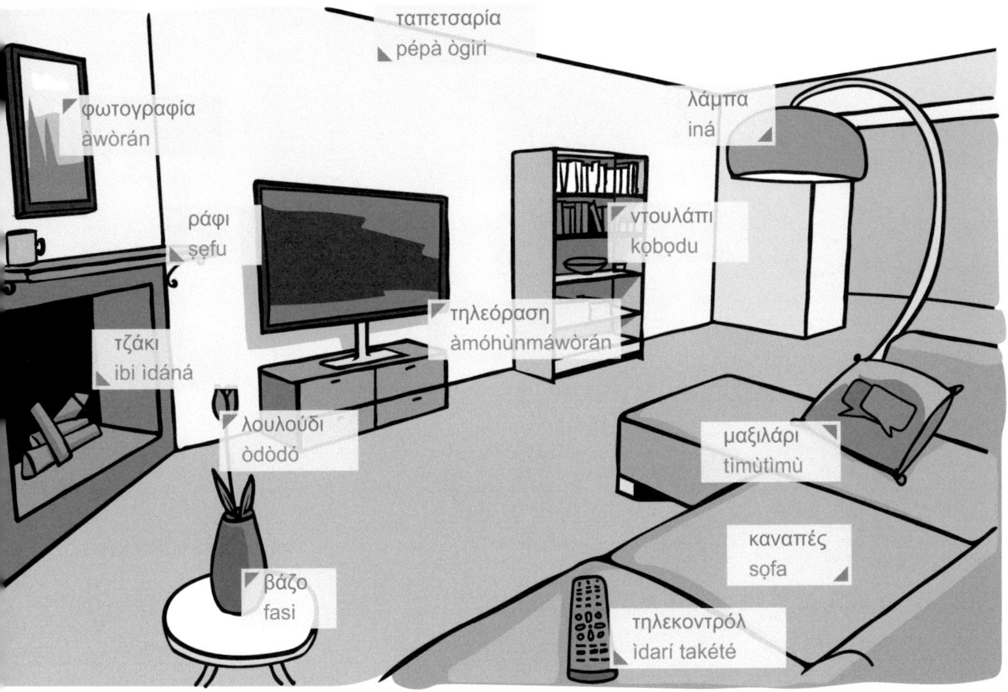

σαλόνι
yàrá ìgbé

- ταπετσαρία / pépà ògiri
- φωτογραφία / àwòrán
- λάμπα / iná
- ράφι / ṣẹ́fù
- ντουλάπι / kọ́bọ́dù
- τζάκι / ibi ìdáná
- τηλεόραση / àmóhùnmáwòrán
- λουλούδι / òdòdò
- μαξιλάρι / tìmùtìmù
- καναπές / sọ́fà
- βάζο / fasí
- τηλεκοντρόλ / ìdarí takété

χαλί
kapẹ́tì

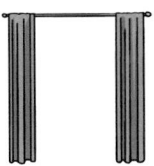

κουρτίνα
kọ́tìnì

τραπέζι
tábìlì

καρέκλα
àga

κουνιστή πολυθρόνα
àga amìtìtì

πολυθρόνα
àga ọlọ́wọ́

βιβλίο
ìwé

κουβέρτα
aṣọ ìbora

διακόσμηση
ọ̀ṣọ́

καυσόξυλα
igi ìdáná

ταινία
fíìmù

στερεοφωνικό σύστημα
irinṣẹ́ hi-fi

κλειδί
kọ́kọ́rọ́

εφημερίδα
ìwé ìròyìn

πίνακας ζωγραφικής
kíkunlé

αφίσα
àlẹ̀mọ́

ραδιόφωνο
redio

σημειωματάριο
ìkọ̀wé

ηλεκτρική σκούπα
ufa

κάκτος
kakitọsi

κερί
àbẹ́là

σαλόνι - yàrá ìgbé

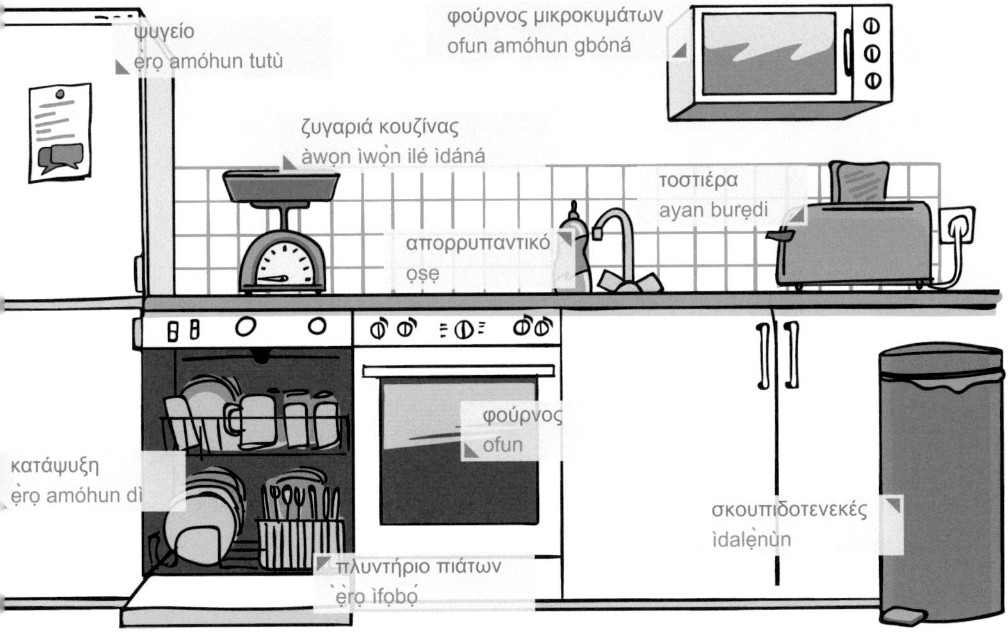

κουζίνα
ilé ìdáná

ψυγείο
ẹ̀rọ amóhun tutù

φούρνος μικροκυμάτων
ofun amóhun gbóná

ζυγαριά κουζίνας
àwọn ìwọ̀n ilé ìdáná

τοστιέρα
ayan burẹdi

απορρυπαντικό
ọsẹ

κατάψυξη
ẹ̀rọ amóhun dì

φούρνος
ofun

σκουπιδοτενεκές
ìdalẹ̀nùn

πλυντήριο πιάτων
ẹ̀rọ ifọbọ́

κουζίνα
ìdáná

κατσαρόλα
ìṣasun

μαντεμένια κατσαρόλα
ìṣasun irin

γουόκ/καντάι
wok / kadai

τηγάνι
panu

βραστήρας
kẹturu

κουζίνα - ilé ìdáná 35

	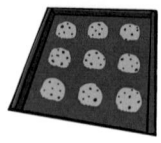	
ατμομάγειρας amoru	ταψί pẹpẹ idáná	πιατικά dídáná

κούπα ife gilasi	μπολ àdému	ξυλάκια igi ìjẹun

κουτάλα ladu	σπάτουλα ṣíbí kòtò	ανακατεύω wisiki

σουρωτήρι sitirena	σουρωτηράκι asẹ́	τρίφτης gireta

γουδί odó	ψησταριά àsun	ανοιχτή φωτιά ibi ìdáná

κουζίνα - ilé ìdáná

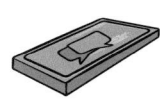

σανίδα κοπής
pẹpẹ gígé

πλάστης
igi ilọ̀

ανοιχτήρι φελλών
kọkisukuru

κονσέρβα
agolo

ανοιχτήρι κονσέρβας
olùṣí agolo

γάντι φούρνου
àdìmú ìṣasun

νεροχύτης
kòtò

βούρτσα
burọ́ṣi

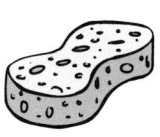

σφουγγάρι
kaninkanin

μπλέντερ
ẹ̀rọ ilọta

καταψύκτης
ẹ̀rọ amóhun dì oníkòtò

μπιμπερό
ohun ìjẹun ọmọdé

βρύση
ẹnu ẹ̀rọ omi

κουζίνα - ilé ìdáná

μπάνιο
ilé ìwẹ̀

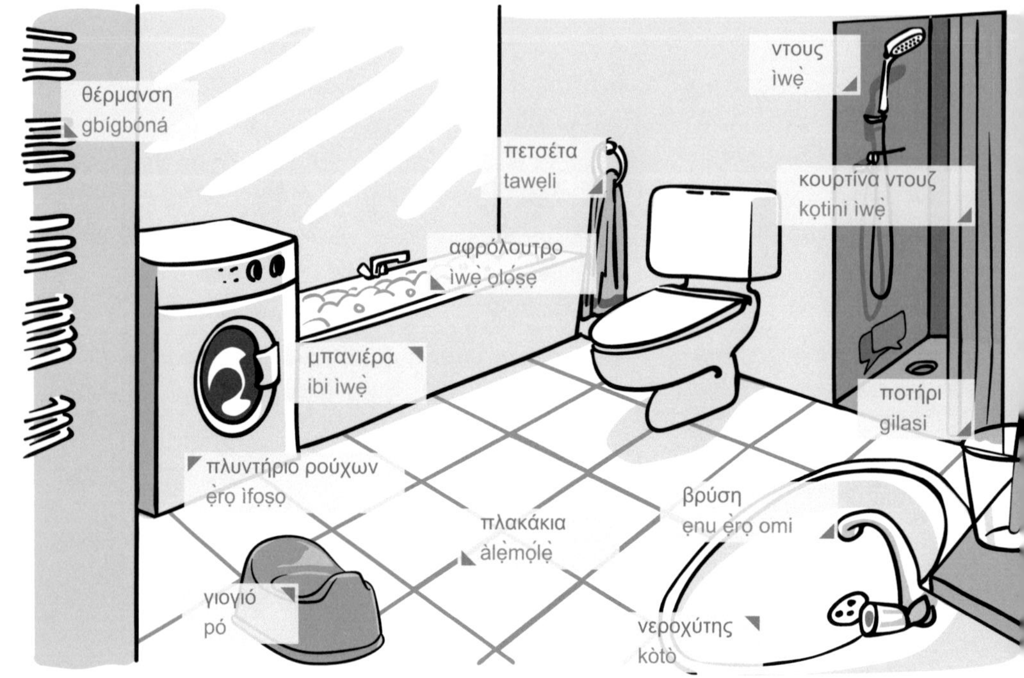

- θέρμανση / gbígbóná
- ντους / iwẹ̀
- πετσέτα / tawẹli
- κουρτίνα ντουζ / kọtini ìwẹ̀
- αφρόλουτρο / ìwẹ̀ ọlọ́ṣẹ
- μπανιέρα / ibi ìwẹ̀
- ποτήρι / gilasi
- πλυντήριο ρούχων / ẹ̀rọ ifọṣọ
- βρύση / ẹnu ẹ̀rọ omi
- πλακάκια / àlẹ̀mọ́lẹ̀
- γιογιό / pó
- νεροχύτης / kòtò

τουαλέτα
ibi ìyàgbẹ́

τούρκικη τουαλέτα
ibi ṣálángá

μπιντές
bidẹti

ουρητήριο
títọ̀

χαρτί υγείας
pépa ibi ìyàgbẹ́

πιγκάλ
burọṣi ibi ìyàgbẹ́

οδοντόβουρτσα

igi ifọnu

οδοντόκρεμα

ọṣẹ ifọnu

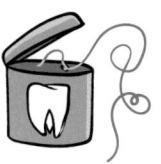

οδοντικό νήμα

filọsi eyin

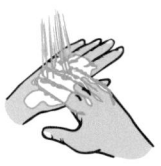

πλένω

fọṣọ

τηλέφωνο ντους

ìwẹ̀ olówó

ντουσιέρα

doṣi

λεκάνη

basin

βούρτσα πλάτης

burọṣi ẹ̀yìn

σαπούνι

ọṣẹ

αφρόλουτρο

gẹli iwẹ̀

σαμπουάν

ọ̀ṣẹ irun

φανέλα

filanẹni

σιφόνι

sẹ́

κρέμα

ipara

αποσμητικό

olóòrùn dídún

μπάνιο - ilé ìwẹ̀

καθρέφτης
dingi

καθρέφτης χειρός
díngi ọwọ́

ξυραφάκι
abẹ

αφρός ξυρίσματος
fomu ifárungbọ̀n

αφτερσέιβ
lẹ́yìn ifarungbọ̀n

χτένα
iyarun

βούρτσα
burọ̣si

σεσουάρ
agbẹrun

λακ
iparun

μακιγιάζ
ìmúra

κραγιόν
itọ́tè

βερνίκι νυχιών
fanisi èkaná

βαμβάκι
òwú

ψαλίδι νυχιών
sisọsi èkaná

άρωμα
pafumu

μπάνιο - ilé ìwẹ̀

νεσεσέρ   σκαμπό   ζυγαριά
bàagì ìwẹ̀   àga   ìwọ̀n

μπουρνούζι   ελαστικά γάντια ταμπόν
okùn ìwẹ̀   ìbọ̀wọ́ rọ́bà   tampun

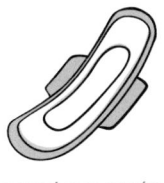 

πετσέτα υγιεινής χημική τουαλέτα
ìnuwọ́   ṣálángá kẹmika

μπάνιο - ilé ìwẹ̀

παιδικό δωμάτιο
yàrá ọmọdé

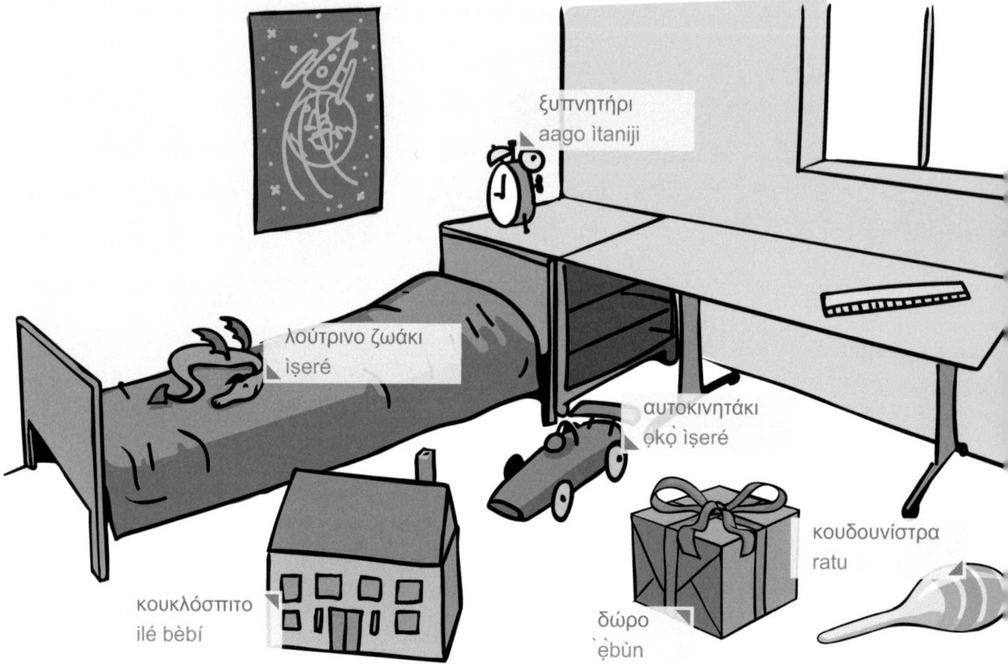

ξυπνητήρι
aago ìtaniji
λούτρινο ζωάκι
ìṣeré
αυτοκινητάκι
ọkọ̀ ìṣeré
κουδουνίστρα
ratu
κουκλόσπιτο
ilé bèbí
δώρο
ẹ̀bùn

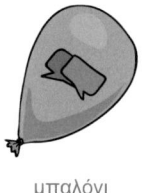

μπαλόνι

fèrè

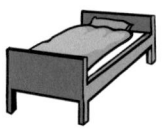

κρεβάτι

ibùsùn

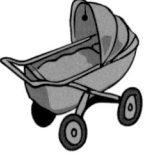

καροτσάκι

ìgbọ́mọ

τράπουλα

àpapọ̀ káàdì

παζλ

ayùn

SUPER
MEGA

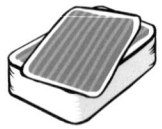

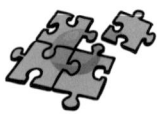

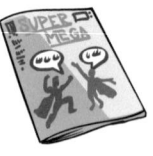

κόμικς

àwàdà

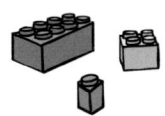
τουβλάκια lego
àwọn biriki

τουβλάκια κατασκευών
ohun iṣeré

φιγούρα δράσης
figọ iṣe

βρεφικό φορμάκι
ìdàgbàsókè

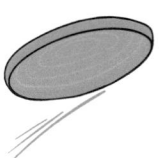
φρίσμπι
firisibi

μόμπιλο
alágbèéká

επιτραπέζιο παιχνίδι
eré pẹpẹ

ζάρια
daisi

σετ τρενάκι
àkópọ̀ ikọ́ni àwòṣe

πιπίλα
dọmi

πάρτι
ayẹyẹ

εικονογραφημένο βιβλίο
ìwé àwòrán

μπάλα
bọ́ọ̀lù

κούκλα
bèbí

παίζω
ṣeré

παιδικό δωμάτιο - yàrá ọmọdé

σκάμμα με άμμο
kòtò yẹ̀pẹ̀

κούνια
jangilofa

παιχνίδια
àwọn ìṣeré

κονσόλα βιντεοπαιχνιδιών
kọ́nsolu ìṣeré fídíò

τρίκυκλο
ẹlẹ́sẹ̀ mẹ́ta

αρκουδάκι
bèbí ọmọdé

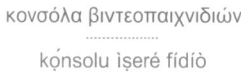
ντουλάπα
ibi ìkaṣọsi

ρούχα
aṣọ

κάλτσες
sọkisi

καλτσοδέτες
sitọkin

καλσόν
ṣòkòtò

ρούχα - aṣọ

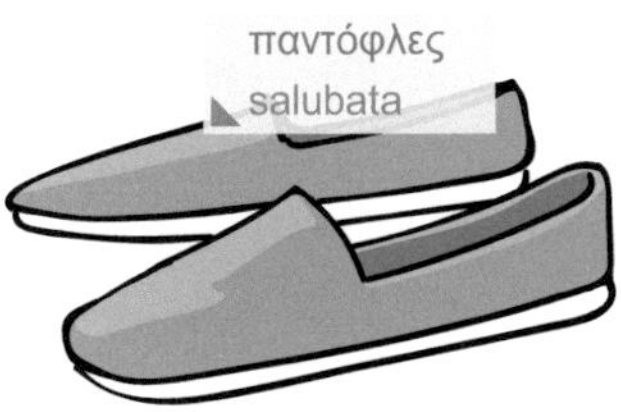

κασκόλ
sikafu

ομπρέλα
agbòjò

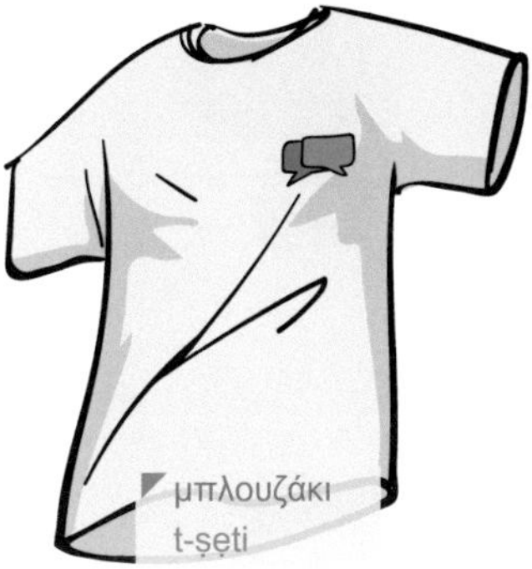

μπλουζάκι
t-ṣẹti

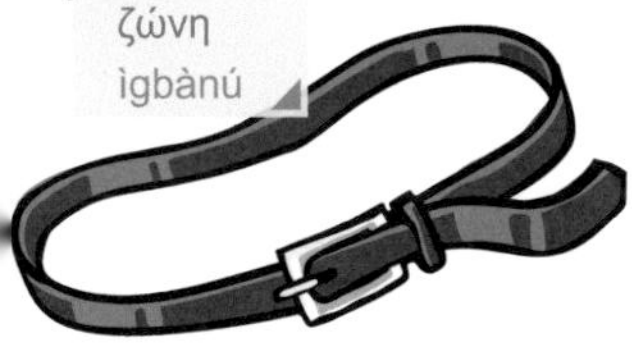

ζώνη
ìgbànú

μπότες
bàtà

παντόφλες
salubata

αθλητικά παπούτσια
àwọn olùkọni

σανδάλια
salubata

παπούτσια
bàtà

γαλότσες
bàtà òjò

εσώρουχο
pátá

σουτιέν
kọ́mú

φανέλα
fẹsiti

ρούχα - aṣọ

45

σώμα
ara

παντελόνι
ṣòkòtò

τζιν παντελόνι
kaki

φούστα
sikẹti

μπλούζα
bulausi

πουκάμισο
ṣẹti

πουλόβερ
dúró

πουλόβερ
ìbòrí

σακάκι
aṣọ òkè

μπουφάν
aṣọ otútù

παλτό
kotu

αδιάβροχο πανωφόρι
aṣọ òjò

κοστούμι
ìmúra

φόρεμα
wọṣọ

νυφικό
aṣọ ìgbéyàwó

κοστούμι
sutu

νυχτικό
aṣọ àwọ̀sùn

πιτζάμες
pijama

σάρι
sari

μαντήλι
gèlè

τουρμπάνι
tọbanu

μπούρκα
bọka

καφτάνι
kafitani

μουσουλμανικό ένδυμα
abaya

ολόσωμο μαγιό
aṣọ iwẹdò

ανδρικό μαγιό
aṣọ àwọ̀sókè

σορτς
penpe

αθλητική φόρμα
kotu

ποδιά
aṣọ idáná

γάντια
ibọ̀wọ́

ρούχα - aṣọ

κουμπί
bọ́tinnì

γυαλιά
awò

βραχιόλι
ẹgbà ọwọ́

περιδέραιο
ẹgbà ọrùn

δαχτυλίδι
òrùka

σκουλαρίκι
gbígbọ́

καπέλο
filà

κρεμάστρα
ìkọ́ kotu

καπέλο
àkẹtẹ̀

γραβάτα
tai

φερμουάρ
sipu

κράνος
koto

τιράντες
biresi

μαθητική στολή
aṣọ ilé-ìwé

στολή
yunifọmu

ρούχα - aṣọ

σαλιάρα — bibu

πιπίλα — dọmi

πάνα — ìlédìí

γραφείο
ọfisi

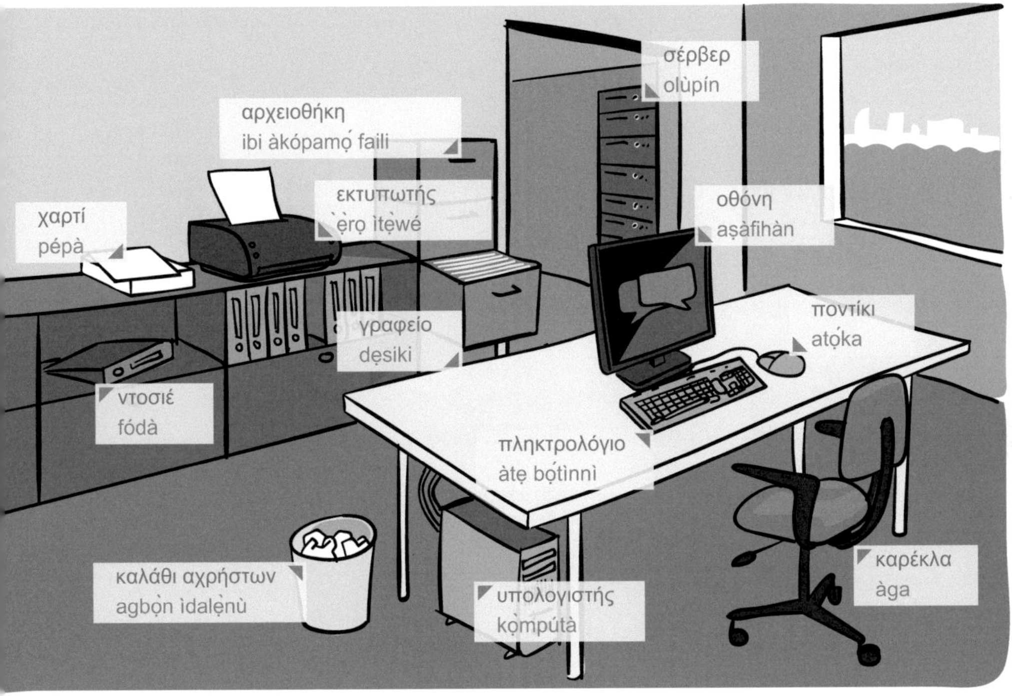

- σέρβερ — olùpín
- αρχειοθήκη — ibi àkópamọ́ faili
- εκτυπωτής — ẹ̀rọ itẹwé
- οθόνη — aṣàfihàn
- χαρτί — pépà
- γραφείο — dẹsiki
- ποντίκι — atọ́ka
- ντοσιέ — fódà
- πληκτρολόγιο — àtẹ bọ́tìnnì
- καλάθι αχρήστων — agbọ̀n ìdalẹ̀nù
- υπολογιστής — kọmpútà
- καρέκλα — àga

κούπα του καφέ — ife kọfí

κομπιουτεράκι — ẹ̀rọ ìṣirò

ίντερνετ — ayélujára

γραφείο - ọfisi 49

λάπτοπ	γράμμα	μήνυμα
kọ̀mpútà àgbélétan	lẹ́tà	ìfìránṣẹ́

κινητό	δίκτυο	φωτοτυπικό μηχάνημα
alágbèéká	nẹ́tíwọ̀kì	ẹ̀rọ ẹdà

λογισμικό	τηλέφωνο	πρίζα
sọftwia	ẹ̀rọ ìbánisọ̀rọ̀	ihò iná

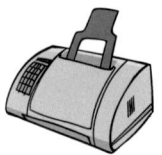 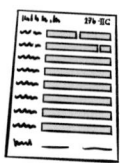 

συσκευή φαξ	έντυπο	έγγραφο
ẹ̀rọ fakisi	fọ́ọ̀mù	ìwé àkọsílẹ̀

γραφείο - ọ́fisi

οικονομία
ọrọ̀ ajé

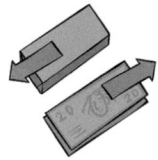
αγοράζω
rà

πληρώνω
sanwó

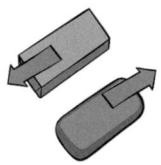
συναλλάσσομαι
ṣòwò

χρήματα
owó

 USD
δολάριο
dọla

EUR
ευρώ
yuro

 JPY

γιεν
yẹni

 RUB

ρούβλι
rọbu

 CHF

ελβετικό φράγκο
Siwisi frans

 CNY
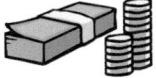
ρενμίνμπι γιουάν
renminbi yuan

 INR

ρουπία
rupi

ATM (αυτόματη ταμειακή μηχανή)
ibi owó

ανταλλακτήρια
συναλλάγματος
ibi ìpàrọ̀ owó

χρυσός
wúrà

ασήμι
fàdákà

πετρέλαιο
epo

ενέργεια
agbára

τιμή
iye

συμβόλαιο
àdéhùn

φόρος
owó orí

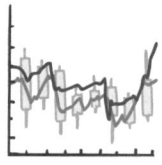

μετοχή
ìpín ọjà

δουλεύω
ṣiṣẹ́

υπάλληλος
òṣìṣẹ́

εργοδότης
agbani síṣẹ́

εργοστάσιο
ilé iṣẹ́

κατάστημα
ìsọ̀

οικονομία - ọrọ̀ ajé

επαγγέλματα
àwọn iṣẹ́ àayò

αστυνόμος
ọgá ọlọ́pàá

πυροσβέστης
panápaná

μάγειρας
adáná

γιατρός
dókítà

πιλότος
awakọ̀ òfurufú

κηπουρός
ológbà

ξυλουργός
gbẹ́nàgbẹ́nà

μοδίστρα
aránṣọ

δικαστής
adájọ́

χημικός
olóògùn

ηθοποιός
òṣèré

οδηγός λεωφορείου awakọ̀ èrò	ταξιτζής awakọ̀ èrò	ψαράς apẹja

καθαρίστρια omidan agbálẹ̀	τεχνίτης στεγών kanlékanlé	σερβιτόρος agbóunjẹ

κυνηγός ọdẹ	ζωγράφος akunlé	αρτοποιός olùṣe ìyẹ́fun

ηλεκτρολόγος aṣàtúnṣe iná	οικοδόμος akọ́lé	μηχανολόγος amojú ẹrọ

κρεοπώλης alápatà	υδραυλικός pulọmba	ταχυδρόμος afiwé ránṣẹ́

επαγγέλματα - àwọn iṣẹ́ àáyò

| στρατιώτης | αρχιτέκτονας | ταμίας |
| jagunjagun | ayàwòrán ilé | akawó |

| ανθοπώλης | κομμωτής | ελεγκτής εισιτηρίων |
| olódòdó | aṣerun lóge | adarí èrò |

| μηχανικός | καπετάνιος | οδοντίατρος |
| aṣàtúnṣe ọkọ̀ | adarí | olùtọ́jú eyín |

| επιστήμονας | ραβίνος | ιμάμης |
| onímọ̀ ìjìnlẹ̀ | olùkọ́ni | imamu |

| μοναχός | ιερέας |
| mọnki | òjíṣẹ́ Ọlọ́run |

επαγγέλματα - àwọn iṣẹ́ ààyò

εργαλεία
àwọn irinṣẹ́

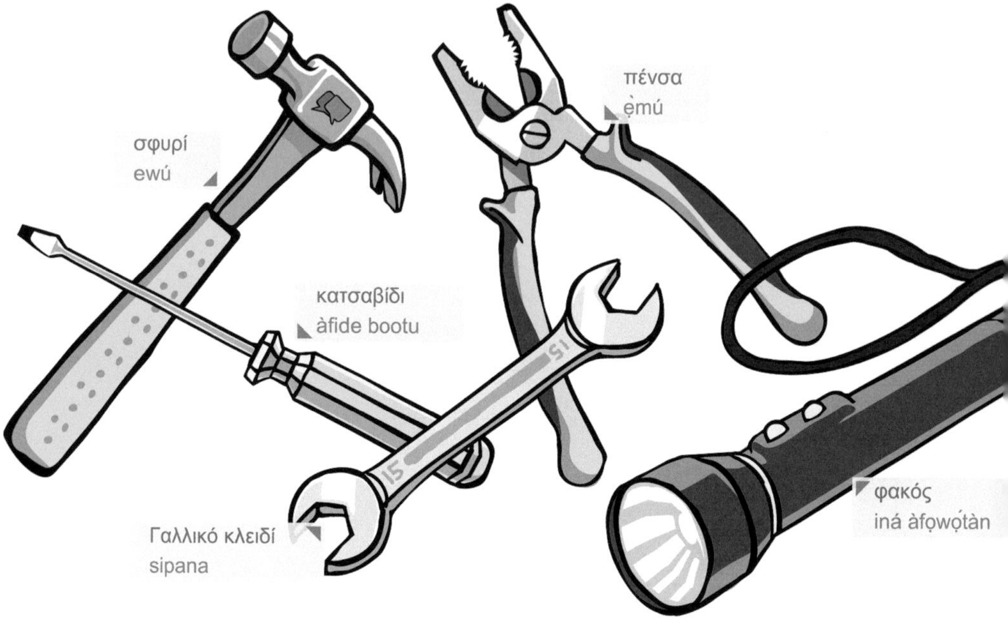

σφυρί — ewú

πένσα — ẹ̀mú

κατσαβίδι — àfide bootu

Γαλλικό κλειδί — sipana

φακός — iná àfọwọ́tàn

εκσκαφέας

jiga

εργαλειοθήκη

àpótí irinṣẹ́

σκάλα

àgàsọ̀

πριόνι

ayùn

καρφιά

èṣó

τρυπάνι

ìlu

επισκευάζω
túnṣe

φτυάρι
sọbìrì

Να πάρει!
Adágún!

φαράσι
igbá ìdọ̀tí

δοχείο χρωμάτων
kòkò ọ̀dà

βίδες
bootu

μουσικά όργανα
àwọn irinṣẹ́ orin

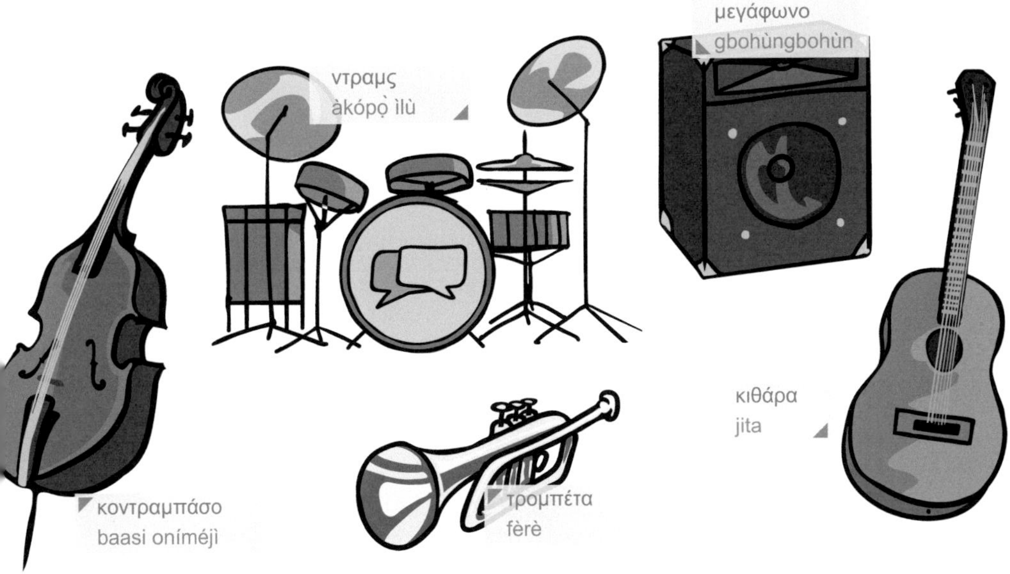

μεγάφωνο
gbohùngbohùn

ντραμς
àkórọ̀ ìlù

κοντραμπάσο
baasi oníméjì

τρομπέτα
fèrè

κιθάρα
jita

πιάνο dùrù	βιολί faolin	μπάσο baasi

τύμπανα timpani	τύμπανο àwọn ilù	πλήκτρα kiibọdu

σαξόφωνο sasofonu	φλάουτο fèrè ìpè	μικρόφωνο `ẹrọ gbohùngbohùn

μουσικά όργανα - àwọn irinṣẹ́ orin

ζωολογικός κήπος
ibi ẹranko

τίγρης
ẹkùn

είσοδος
ìwọlé

κλουβί
ibi ìhámọ́

ζέβρα
àgbọ̀nrín

ζωοτροφή
oúnjẹ ẹranko

πάντα
panda

ζώα
àwọn ẹranko

ελέφαντας
erin

καγκουρό
kangaruu

ρινόκερος
raino

γορίλας
ọ̀bọ lagido

αρκούδα
biari

ζωολογικός κήπος - ibi ẹranko

καμήλα

kẹ́tẹ́kẹ́tẹ́

στρουθοκάμηλος

ẹyẹ agùnlọ́rùn

λιοντάρι

kìnìún

πίθηκος

ọ̀bọ

φλαμίνγκο

yọjayọja

παπαγάλος

ayékòótọ́

πολική αρκούδα

biari omi

πιγκουίνος

pinguin

καρχαρίας

ṣaki

παγώνι

ọ̀kín

φίδι

ejò

κροκόδειλος

ọ̀ni

φύλακας ζωολογικού κήπου

olùtọ́jú ibi ẹranko

φώκια

sili

τζάγκουαρ

jagua

ζωολογικός κήπος - ibi ẹranko

πόνυ
poni

λεοπάρδαλη
ẹkùn

ιπποπόταμος
ẹran omi

καμηλοπάρδαλη
jirafi

αετός
àṣá

αγριογούρουνο
ẹlẹdẹ igbó

ψάρι
ẹja

χελώνα
ijàpá

θαλάσσιος ίππος
wọrọsi

αλεπού
kọlọkọlọ

γαζέλα
gasẹli

ζωολογικός κήπος - ibi ẹranko

αθλήματα
àwọn eré ìdáraya

δραστηριότητες
àwọn iṣẹ́

γελάω
rẹ́rìín

πηδάω
fò

αγκαλιάζω
dìmọ́

περπατάω
rìn

τραγουδάω
kọrin

ονειρεύομαι
àlá

προσεύχομαι
gbàdúrà

φιλάω
fẹnukò

γράφω
kọ̀wé

σχεδιάζω
yàwòrán

δείχνω
fihàn

πιέζω
tì

δίνω
funni

παίρνω
mú

έχω
ní

κάνω
şe

είμαι
jẹ́

στέκομαι
dúró

τρέχω
sáré

τραβάω
fà

ρίχνω
jù

πέφτω
şubú

ξαπλώνω
parọ́

περιμένω
dúró

κουβαλώ
gbé

κάθομαι
jókòó

φοράω
múra

κοιμάμαι
sùn

ξυπνάω
jí

δραστηριότητες - àwọn iṣẹ́

κοιτάω
wo

κλαίω
kígbe

χαϊδεύω
ọ̀pá

χτενίζω
ilarun

μιλάω
sọ̀rọ̀

καταλαβαίνω
lóye

ρωτάω
bèrè

ακούω
tẹ́tí

πίνω
omi

τρώω
jẹun

συγυρίζω
palẹ̀mọ́

αγαπάω
ifẹ́

μαγειρεύω
dáná

οδηγώ
wakọ̀

πετάω
fò

δραστηριότητες - àwọn iṣẹ́

κάνω ιστιοπλοΐα igbín	υπολογίζω ṣírò	διαβάζω kàwé

μαθαίνω kọ́	δουλεύω ṣiṣẹ́	παντρεύομαι gbéyàwó
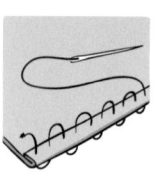	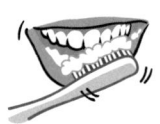	
ράβω ránṣọ	βουρτσίζω τα δόντια fọ eyín	σκοτώνω pa

καπνίζω mu sìgá	στέλνω firánṣẹ́	

οικογένεια
ẹbí

γιαγιά
ìyá ńlá

παππούς
bàbá ńlá

πατέρας
bàbá

μωρό
ọmọdé

μητέρα
ìyá

κόρη
ọmọbìnrin

γιος
ọmọkùnrin

καλεσμένος
àlejò

θεία
àbúrò ìyá

θείος
àbúrò bàbá

αδελφός
arákùnrin

αδελφή
arábìnrin

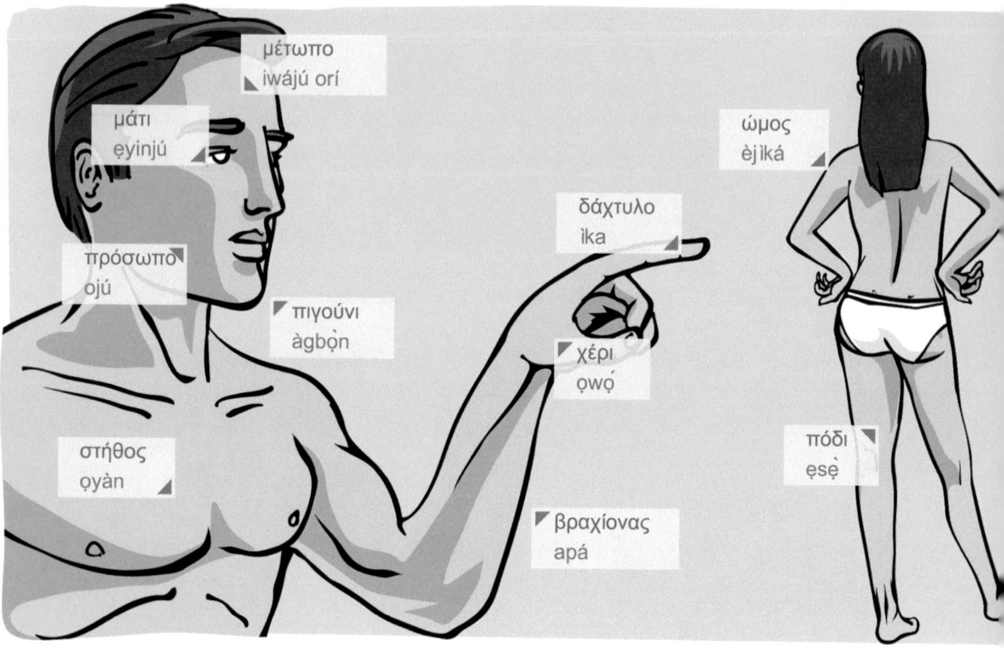

σώμα
ara

μέτωπο
iwájú orí

μάτι
ẹyinjú

πρόσωπο
ojú

πιγούνι
àgbọ̀n

στήθος
ọyàn

δάχτυλο
ìka

χέρι
ọwọ́

βραχίονας
apá

ώμος
èjìká

πόδι
ẹsẹ̀

μωρό
ọmọdé

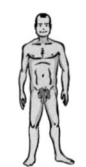

άνδρας
ọkùnrin àgbà

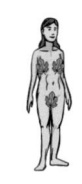

γυναίκα
obìnrin àgbà

κορίτσι
obìnrin

αγόρι
ọkùnrin

κεφάλι
orí

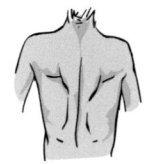	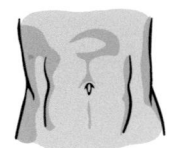	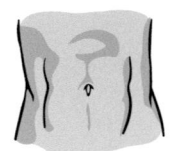
πλάτη ẹ̀yìn	κοιλιά inú	αφαλός ìdodo
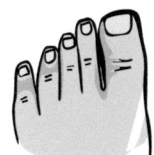	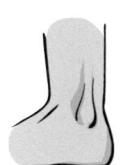	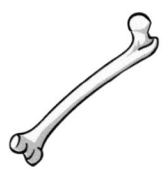
δάχτυλο ποδιού ìka ẹsẹ̀	φτέρνα ẹ̀yìn ẹsẹ̀	κόκκαλο egungun
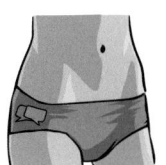	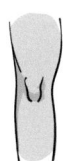	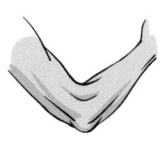
γοφός ìbàdí	γόνατο orúnkún	αγκώνας ìgúpá
		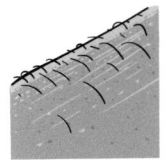
μύτη imú	γλουτός ìdí	δέρμα awọ
	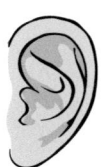	
μάγουλο ẹ̀rẹ̀kẹ́	αυτί etí	χείλος ètè

σώμα - ara

στόμα

ẹnu

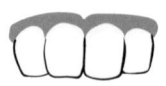

δόντι

eyín

γλώσσα

ahọ́n

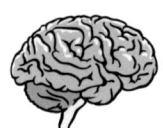

εγκέφαλος

ọpọlọ

καρδιά

ọkàn

μυς

işan

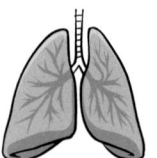

πνεύμονας

ifun

συκώτι

ẹdọ̀

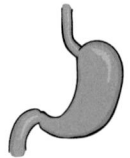

στομάχι

ikùn

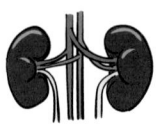

νεφρά

kíndirín

σεξουαλική επαφή

ìbálòpọ̀

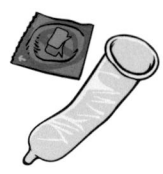

προφυλακτικό

rọ́bà àbò

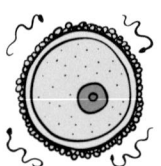

ωάριο

ofumu

σπέρμα

àtọ̀

εγκυμοσύνη

oyún

σώμα - ara

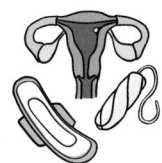  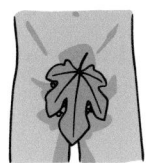

περίοδος   γυναικείος κόλπος   πέος
ǹkan oṣù   òbò   okó

  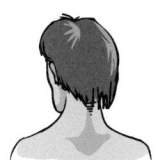

φρύδι   μαλλιά   λαιμός
ìpénpéjú   irun   ọrùn

σώμα - ara

νοσοκομείο
ilé ìwòsàn

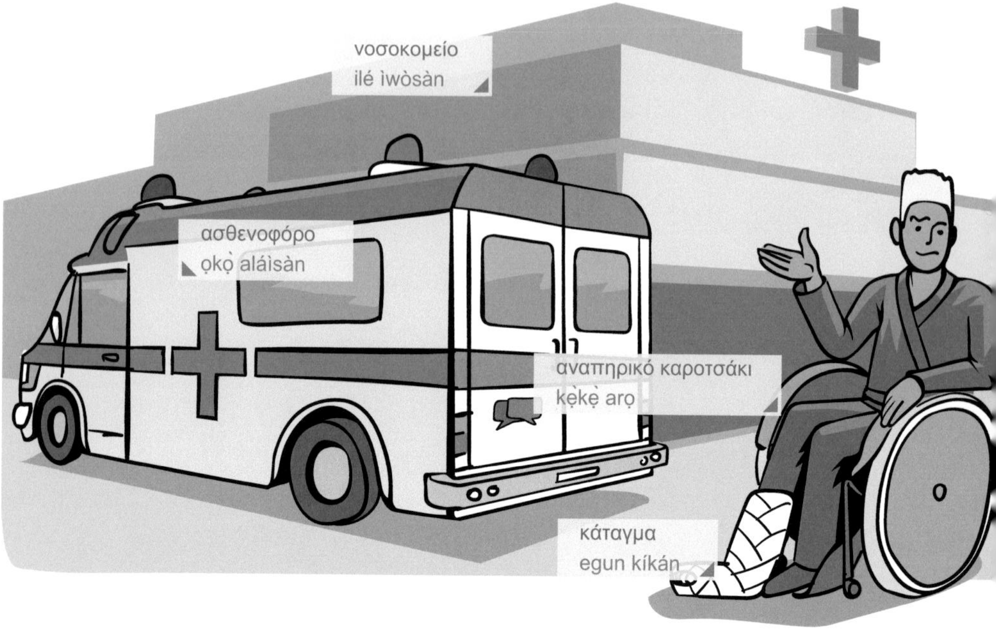

νοσοκομείο
ilé ìwòsàn

ασθενοφόρο
ọkọ̀ aláìsàn

αναπηρικό καροτσάκι
kẹ̀kẹ́ arọ

κάταγμα
egun kíkán

γιατρός
dókítà

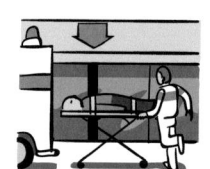

μονάδα εντατικής θεραπείας

yàrá pàjáwìrì

νοσοκόμα
nọ́ọ̀sì

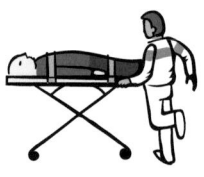

έκτακτη ανάγκη
pàjáwìrì

λιπόθυμος
dákú

πόνος
ìrora

τραύμα
egbò

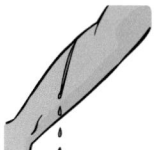

αιμορραγία
ẹ̀jẹ̀ dídà

έμφραγμα
àìsàn ọkàn

εγκεφαλικό
ropárọsẹ̀

αλλεργία
àlébù ògùn

βήχας
ikọ́

πυρετός
ibà

γρίπη
ọfinkìn

διάρροια
ìgbẹ́ gburu

πονοκέφαλος
ẹfọrí

καρκίνος
jejere

διαβήτης
ìtọ̀ ṣúgà

χειρουργός
alábẹ

νυστέρι
abẹfẹ́lẹ́

εγχείρηση
iṣẹ́ abẹ

νοσοκομείο - ilé ìwòsàn

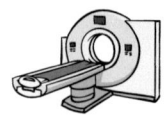
αξονική τομογραφία
CT

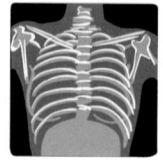
ακτινογραφία
x-ray

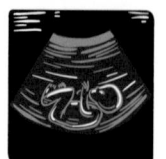
υπέρηχος
otirasandi

μάσκα
aṣọ ibòjú

ασθένεια
àrùn

αίθουσα αναμονής
yàrá idúró

πατερίτσα
ọpá

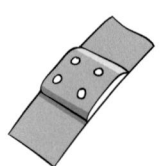
χάνσαπλαστ
àlẹmọ́

επίδεσμος
aṣọ àfiwé

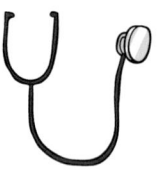
ένεση
abẹ́rẹ́

στηθοσκόπιο
àyẹ̀wò èémí

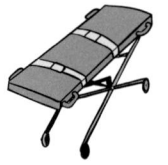
φορείο
àtẹ aláìsàn

θερμόμετρο
ẹ̀rọ iwọ̀n oru ilé ìwòsàn

γέννηση
ibí

υπέρβαρο
isanrajù

νοσοκομείο - ilé ìwòsàn

ακουστικό βαρηκοΐας	αντισηπτικό	λοίμωξη
ẹrọ àfigbọ́rọ̀	apa kòkòrò	àkóràn
		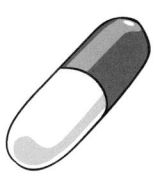
ιός	HIV/AIDS	φάρμακο
kòkòrò	Àrùn HIV / AIDS	òògùn
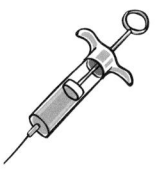	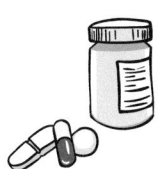	
εμβολιασμός	δισκία	χάπι
àjẹsára	tabulẹti	òògùn
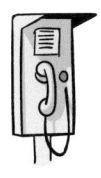		
λήση έκτακτης ανάγκης	πιεσόμετρο αίματος	άρρωστος / υγιής
ìpè pàjáwìrì	atọpinpin ẹ̀jẹ̀ ríru	àìsàn / lera

νοσοκομείο - ilé ìwòsàn

έκτακτη ανάγκη
pàjáwìrì

Βοήθεια! συναγερμός βιαιοπραγία
Ìrànlọ́wọ́! itanijí iluni

επίθεση κίνδυνος έξοδος κινδύνου
ìdójukọ ewu ijáde pàjáwìrì

Φωτιά! πυροσβεστήρας ατύχημα
Iná! panápaná ìjàmbá

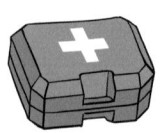  

κουτί πρώτων βοηθειών SOS αστυνομία
àpótí ìtọ́jú aláìsàn SOS ọlọ́pàá

Γη
Ayé

Ευρώπη
Yuropu

Βόρεια Αμερική
North Amerika

Νότια Αμερική
South Amerika

Αφρική
Afirika

Ασία
Esia

Αυστραλία
Ǫsirelia

Ατλαντικός Ωκεανός
Atlantic

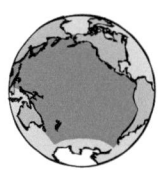

Ειρηνικός Ωκεανός
Pacific

Ινδικός Ωκεανός
Indian Ocean

Ανταρκτικός Ωκεανός
Antarctic Ocean

Αρκτικός Ωκεανός
Arctic Ocean

Βόρειος Πόλος
Òpó Ìlà Òrùn

Νότιος Πόλος
Òpó Ìwọ̀ Òrùn

Ανταρκτική
Antarctica

Γη
Ayé

γη
ilẹ̀

θάλασσα
òkun

νησί
erékùsù

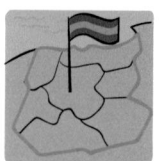
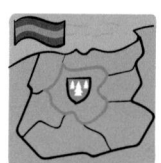

έθνος
orílẹ̀-èdè

πολιτεία
ìpínlẹ̀

ρολόι
aago

καντράν ρολογιού
ojú aago

ωροδείκτης
ọwọ́ wákàtí

λεπτοδείκτης
ọwọ́ ìṣẹ́jú

δείκτης δευτερολέπτων
ọwọ́ ìṣẹ́jú ààyá

Τι ώρα είναι;
Kínni aago sọ?

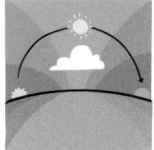

ημέρα
ojọ́

χρόνος
àkókò

τώρα
báyìí

ψηφιακό ρολόι
aago onínọ́mbà

λεπτό
ìṣẹ́jú

ώρα
wákàtí

εβδομάδα
ọ̀sẹ̀

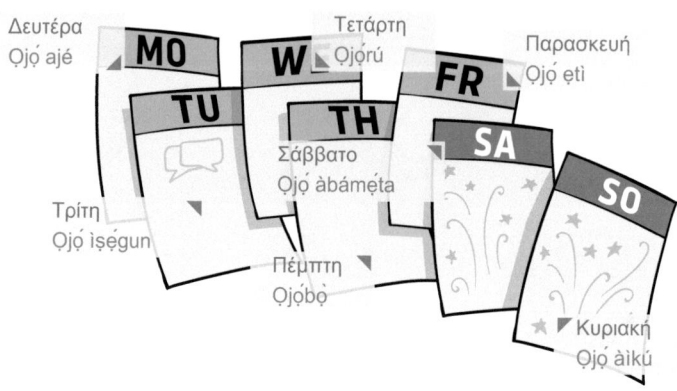

Δευτέρα — Ojọ́ ajé
Τρίτη — Ojọ́ ìṣẹ́gun
Τετάρτη — Ojọ́rú
Πέμπτη — Ojọ́bọ̀
Παρασκευή — Ojọ́ ẹtì
Σάββατο — Ojọ́ àbámẹ́ta
Κυριακή — Ojọ́ àìkú

χθες
àná

σήμερα
òní

αύριο
ọ̀la

πρωί
àárọ̀

μεσημέρι
ọ̀sán

βράδυ
ìrọ̀lẹ́

εργάσιμες ημέρες
àwọn ojọ́ iṣẹ́

Σαββατοκύριακο
iparí ọ̀sẹ̀

έτος
odún

βροχή
òjò

ουράνιο τόξο
òṣùmàrè

χιόνι
yìnyín

άνεμος
afẹ́fẹ́

άνοιξη
ìgbà otútù díẹ̀

φθινόπωρο
ìgbà oru díẹ̀

καλοκαίρι
ìgbà oru

χειμώνας
ìgbà otútù

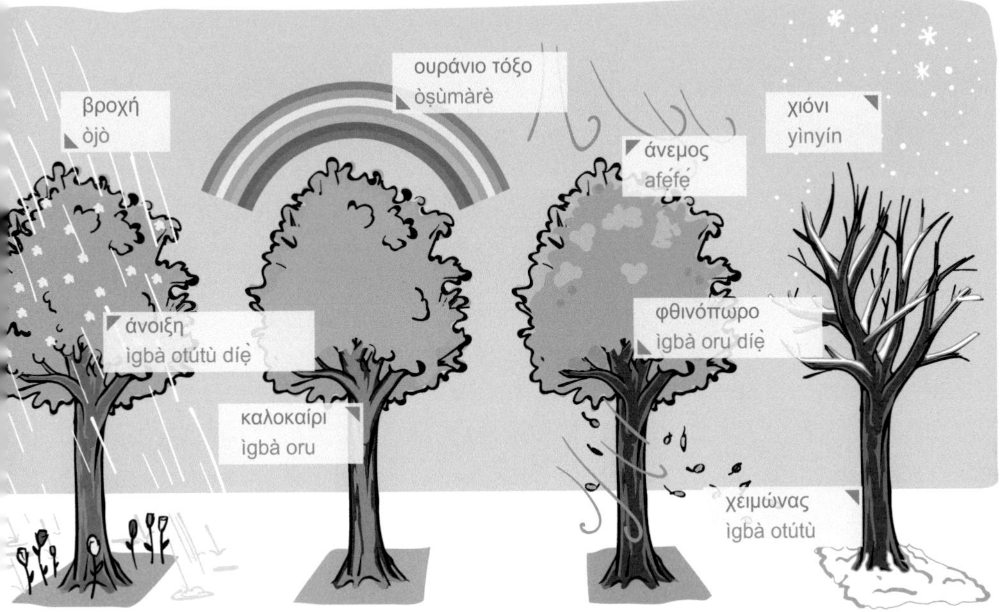

πρόγνωση καιρού
ìsọtẹ́lẹ̀ ojú-ọjọ́

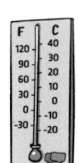

θερμόμετρο
ẹ̀rọ iwọ̀n oru

λιακάδα
ìtànsán òrùn

σύννεφο
òfurufú

ομίχλη
ọ̀pọ̀lọ́

υγρασία
ọ̀gìnniti

αστραπή
iná

κεραυνός
àrá

καταιγίδα
ìjì

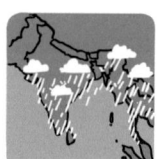

χαλάζι
kùrukùru

μουσώνας
afẹ́fẹ́

πλημμύρα
àgbàrá

πάγος
omi dídì

Ιανουάριος
Oṣù kínní

Φεβρουάριος
Oṣù kejì

Μάρτιος
Oṣù kẹẹ̀ta

Απρίλιος
Oṣù kẹẹ́rin

Μάιος
Oṣù kaàrún

Ιούνιος
Oṣù kẹfà

Ιούλιος
Oṣù keèje

Αύγουστος
Oṣù keèjọ

έτος - ọdún

Σεπτέμβριος
Oṣù kẹẹ́sán

Οκτώβριος
Oṣù keẹ̀wá

Νοέμβριος
Oṣù kọkànlá

Δεκέμβριος
Oṣù kejìlá

σχήματα
àwọn ìrísí

κύκλος
róbótó

τετράγωνο
onígun mẹ́rin dọ́gba dọ́gba

ορθογώνιο παραλληλόγραμμο
onígun mẹ́rin

 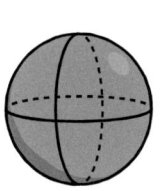 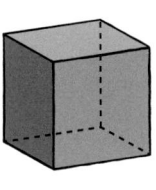

τρίγωνο
onígun mẹ́ta

σφαίρα
sifia

κύβος
kubu

χρώματα
àwọn àwọ̀

άσπρο
funfun

κίτρινο
yẹlo

πορτοκαλί
olómi ọsàn

ροζ
pinki

κόκκινο
pupa

μωβ
pọpu

μπλε
bulu

πράσινο
aláwọ̀ ewé

καφέ
buranu

γκρι
rẹ́súrẹ́sú

μαύρο
dúdú

αντίθετα
òdì

πολύ / λίγο
ọ̀pọ̀ / níwọ̀nba

θυμωμένος / ήρεμος
bínnú / farabalẹ̀

όμορφος / άσχημος
rẹwà / òbùrẹwà

αρχή / τέλος
bíbẹ̀rẹ̀ / òpin

μεγάλος / μικρός
ńlá / kékeré

φωτεινός / σκοτεινός
mọ́lẹ̀ / dúdú

αδελφός / αδελφή
arákùnrin / arábìnrin

καθαρός / λερωμένος
mímọ́ / dọ̀tí

πλήρης / ατελής
parí / àìparí

ημέρα / νύχτα
ọjọ́ / alẹ́

νεκρός / ζωντανός
kú / àyè

φαρδύς / στενός
fẹ̀ / tínrín

βρώσιμος / μη βρώσιμος
jíjẹ / àìlèjẹ

κακός / ευγενικός
ibi / dára

ενθουσιασμένος / βαριεστημένος
dunnú / sísú

παχύς / λεπτός
tóbi / tínrín

πρώτος / τελευταίος
àkọ́kọ́ / ìgbẹ̀yìn

φίλος / εχθρός
ọ̀rẹ́ / ọ̀tá

γεμάτος / άδειος
kún / ṣófo

σκληρός / μαλακός
le / rọ̀

βαρύς / ελαφρύς
wúwo / fúyẹ́

πείνα / δίψα
ebi / òhùngbẹ

άρρωστος / υγιής
àìsàn / lera

παράνομος / νόμιμος
tàpá sófin / bá òfin mu

έξυπνος / χαζός
ọlọ́gbọ́n / òmùgọ̀

αριστερός / δεξιός
òsì / ọ̀tún

κοντινός / μακρινός
tòsí / jìnnà

αντίθετα - òdì

καινούριος / μεταχειρισμένος
tuntun / àlòkù

τίποτα / κάτι
àìsí nkan / níní nkan

γέρος | νέος
arúgbó / ọ̀dọ́

αναμμένος / σβηστός
tàn / kú

ανοιχτός / κλειστός
ṣí / padé

χαμηλόφωνος / μεγαλόφωνος
dákẹ / pariwo

πλούσιος / φτωχός
lọ́rọ̀ / tòsì

σωστός / λανθασμένος
tọ̀nà / àìtọ̀nà

τραχύς / λείος
àìdán / dán

λυπημένος / χαρούμενος
banújẹ́ / dunú

κοντός / μακρύς
kúrú / gùn

αργός / γρήγορος
lọra / yára

υγρός / στεγνός
tutù / gbẹ

ζεστός / δροσερός
lọwọ́rọ́ / otútù

πόλεμος / ειρήνη
ogun / àlàfíà

αντίθετα - òdì

αριθμοί
nọmbà

0
μηδέν
òdo

1
ένα
méní

2
δύο
méjì

3
τρία
mẹta

4
τέσσερα
mẹrin

5
πέντε
márùún

6
έξι
mẹfà

7
εφτά
méje

8
οκτώ
mẹjọ

9
εννιά
mẹsàán

10
δέκα
mẹ́wàá

11
έντεκα
mọ́kànlá

12
δώδεκα
méjìlá

13
δεκατρία
mẹtàlá

14
δεκατέσσερα
mẹrìnlà

15
δεκαπέντε
mẹdogun

16
δεκαέξι
marundinlógún

17
δεκαεφτά
mẹtàdínlógún

18
δεκαοκτώ
méjìdínlógún

19
δεκαεννέα
mọkàndínlógún

20
είκοσι
ogún

100
εκατό
ọgọ́rùún

1.000
χίλια
ẹgbẹ̀rún

1.000.000
εκατομμύριο
miliọnu

αριθμοί - nọ́mbà

γλώσσες
àwọn èdè

Αγγλικά
Gẹ̀ẹ́sì

Αμερικάνικα Αγγλικά
Gẹ̀ẹ́sì Ilẹ̀ Amẹ́ríkà

Μανδαρίνικα Κινέζικα
Mandarini Ṣaina

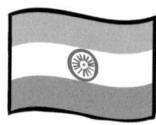
Χίντι
Hindi

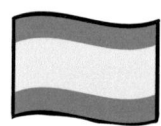
Ισπανικά
Sipaniṣi

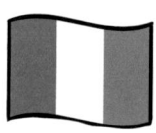
Γαλλικά
Faransé

Αραβικά
Lárúbáwá

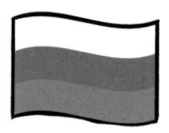
Ρώσικα
Rọṣia

Πορτογαλικά
Pọtugi

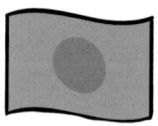
Μπενγκάλι
Bẹngali

Γερμανικά
Jamani

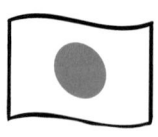
Ιαπωνικά
Japanisi

ποιος / τι / πως
tani / kínni / báwo

εγώ
Èmi

εσύ
ìwọ

αυτός / αυτή / αυτό
ọkùnrin / obìnrin / nkan

εμείς
àwa

εσείς
ìwọ

αυτοί / αυτές / αυτά
àwọn

ποιος / ποια / ποιο;
tani?

τι;
kínni?

πώς;
báwo?

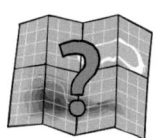

πού;
níbo?

πότε;
nígbà wo?

όνομα
orúkọ

που
níbo

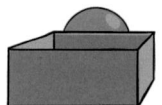

πίσω
lẹ́yìn

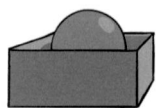

μέσα
inú

μπροστά
níwájú

πάνω από
lókè

πάνω
lórí

κάτω
lábẹ́

δίπλα
lẹ́gbẹ́ẹ́

ανάμεσα
láàrín

μέρος
ibi